En souvenir de ma mère
qui lui a trouvé son nom

Traduit par Marie Farré

ISBN 2-07-039231-7
Titre original : Anna Banana and me
Publié par A. Margaret Mc Elderry Books, Atheneum

Numéro d'édition : 51283
Dépôt légal : février 1991
Imprimé en Italie par La Editoriale Libraria

Anna Banana

Lenore Blegvad
illustré par
Erik Blegvad

Gallimard

Dans le parc, en haut des marches,
Anna Banana m'appelle :

– Allez, viens ! Suis-moi !
Et la voilà qui court.

Je m'élance derrière elle,
je passe devant la fontaine,
devant la statue…

jusqu'au coin touffu.
Nous nous faufilons
sous les branches, dans l'ombre…

derrière les bancs de bois.
La terre est froide par ici.
C'est plein de feuilles mortes
et de cailloux.

Une plume de pigeon blanc brille
sur une brindille. Personne n'est
jamais venu dans cet endroit,
personne ne l'a jamais vu.

C’est une cachette très sombre.
Scratch, scratch, scratch…
Des bruits de pas sur
les feuilles mortes.

Près de nous, quelqu'un marche en plein soleil.
– Une plume, c'est magique, chuchote Anna Banana.

Et elle attrape la plume.
– Allez, viens ! s'écrie-t-elle.
A quatre pattes, nous sortons
de la cachette. Anna Banana se lève,

des feuilles plein les cheveux.
– Salut ! dit-elle en agitant la main.
Elle a disparu.
Et moi, je rentre chez moi.

Un autre jour, dans ma rue,
je rencontre Anna Banana.

– C’est là que tu habites ?
demande-t-elle.

Elle danse dans l’entrée de mon immeuble. Et, dans le miroir

poussiéreux, je vois une autre
Anna Banana danser avec elle.

Il fait noir en haut de l’escalier blanc.
– Allez, viens ! dit Anna Banana.

Nous grimpons les marches.

Nous voilà dans un couloir tout sombre que je ne connaissais pas. Il y a des rangées de portes et, derrière, des gens que je n'ai jamais vus.

– Hou ! Hou ! crie Anna Banana
vers l’ombre.
– Hou ! Hou ! répond sa voix en écho.
Anna Banana éclate de rire.

Anna Banana descend
l'escalier blanc au galop.
Sa main glisse sur la rampe.
– Salut ! me dit-elle d'en bas.

5A

– Salut ! répond l’écho.
La porte d’entrée claque.
Et moi, je remonte chez moi.

Dans le jardin public,
Anna Banana joue à la balançoire.
– Pousse-moi ! demande-t-elle.
Et je la pousse fort.
– Plus haut ! dit-elle.

Elle monte et descend,
monte et descend,
plus haut, de plus en plus haut…
– Je dépasse les arbres ! crie-t-elle.
Ça me donne le vertige de la regarder.

Le sable dans le bac est humide et frais.
– On dirait que c'est ton anniversaire et que je te fabrique un gâteau, propose Anna Banana. Les bougies sont des bâtons d'esquimaux glacés.

Je respire profondément et
je les souffle toutes.
– Quel était ton vœu ? demande Anna.
Mais je n'ai pas fait de vœu.
J'oublie toujours.

Nous construisons des routes
et des châteaux.
Mon château est le plus haut.

Mais celui d'Anna Banana
a une tour et un fossé. Quand son
château est fini, elle le piétine.

Elle essuie le sable de ses mains.
– Salut ! dit-elle.
Elle a disparu.

Je pose une feuille en guise
de drapeau sur mon château,
puis je rentre chez moi.

Dans le parc,
sur la statue,
Anna Banana hurle :
– Monte !

Je grimpe et nous voilà assis tous
les deux sur les genoux de la statue.
Nous faisons semblant de lire
son grand livre en pierre.

– Il était une fois, lit Anna Banana,
un horrible lutin.
Un pigeon s'est posé
sur le chapeau de la statue.
Je le regarde et
il me fait des clins d'œil.
Anna Banana continue à lire.
Elle aime les histoires de lutins.
Pas moi.

– Le lutin était aussi grand que cette statue ! raconte Anna Banana. Et il avait une énorme et horrible tête

rouge comme une grosse tomate,
avec de grandes oreilles rouges
décollées, comme ça !
Anna Banana écarte
largement les bras.
Je m'accroche à la main
de la statue.

Anna Banana cesse de lire et glisse
des genoux de la statue.
Debout sur un des souliers de pierre,

elle observe le parc.
– Regarde ! Regarde ! s'écrie-t-elle.

– La tête de tomate arrive !
Je ferme les yeux très fort.
La tête de tomate arrive !
Anna Banana éclate de rire.
Je l'entends sauter sur le sol et crier :
– Salut !
Elle a disparu.

Et moi, je reste.
Je ne peux aller nulle part.
La tête de tomate arrive.
Je ne peux ni bouger
ni ouvrir les yeux.
Je peux seulement
m'accrocher à la main
de la statue. Anna Banana
est partie en riant.
Elle n'a pas peur.
Moi, j'ai peur.
Je ne suis pas
Anna Banana.

Oh, que se passe-t-il ?
Quelque chose de doux
m'a touché la main.
Est-ce le lutin ? Que faire ?
J'entrouvre un œil.
Ce n'est qu'une plume de pigeon.
Une plume ?
« Une plume, c'est magique ! »
a dit Anna Banana.
Je la prends et je fais un vœu.

Et alors, j'arrive à ouvrir les yeux !
J'arrive à sauter de la statue !
J'arrive à éclater de rire au nez

du lutin. Je suis aussi courageux
qu'Anna Banana !
Et je crie : « Salut, pigeon ! »

Il s’envole en haut des arbres.

Et je rentre chez moi en courant.

BIOGRAPHIES

Lenore Blegvad est née à New York, elle est peintre. Elle a créé avec son mari Erik plusieurs ouvrages pour enfants. Depuis quelque temps, ils vivent en partie à Londres et en partie dans le midi de la France. Un de leurs fils est également peintre et illustrateur.
Erik Blegvad est la preuve vivante que l'art n'a pas de frontière. Est-il danois (il est né au Danemark), américain (il a vécu aux États-Unis, où il fut édité et où il demeure le plus célèbre), anglais (il est également publié en Angleterre, où il a résidé) ou français (car il aime vivre en France) ?

Collection folio benjamin